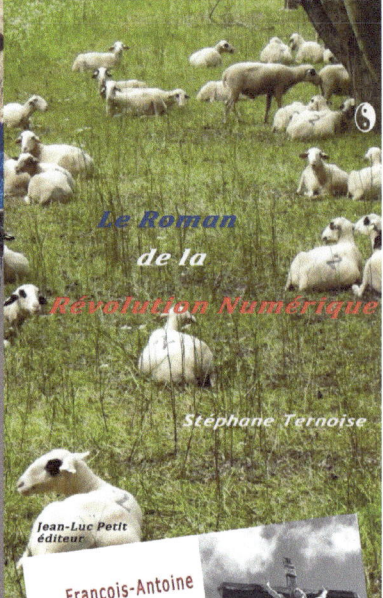

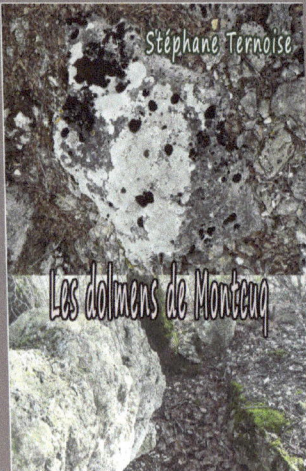

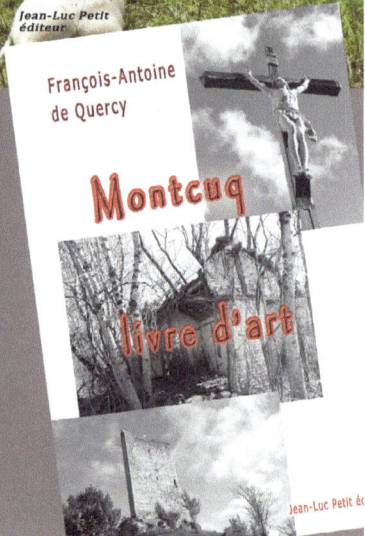

Stéphane Ternoise

La disparition d'un canton : Montcuq

LIBERTE·EGALITE·FRATER

Livre d'art et d'opinions.
Moins de cantons, plus d'élus,
la mainmise des partis...

Jean-Luc Petit éditeur

Le Roman
de la
Révolution Numérique

Stéphane Ternoise

Jean-Luc Petit
éditeur

Stéphane Ternoise

Les dolmens de Montcuq

François-Antoine
de Quercy

Montcuq

livre d'art

Jean-Luc Petit éd

2

Elections présidentielles 2012 : les caricatures de Montcuq

Marine Le Pen en burqa,
François Hollande ségolénisé,
François Bayrou messianisé...

Du même auteur*

Certaines œuvres sont connues sous différents titres.

Romans

Le Roman de la révolution numérique
Ils ne sont pas intervenus (Peut-être un roman autobiographique)
La Faute à Souchon
Quand les familles sans toit sont entrées dans les maisons fermées
Liberté j'ignorais tant de Toi
Viré, viré, viré, même viré du Rmi !

Théâtre

Neuf femmes et la star
Les secrets de maître Pierre, notaire de campagne
Ça magouille aux assurances
Chanteur, écrivain : même cirque
Deux sœurs et un contrôle fiscal
Amour, sud et chansons
Pourquoi est-il venu :
Aventures d'écrivains régionaux
Avant les élections présidentielles
Scènes de campagne, scènes du Quercy
Blaise Pascal serait webmaster
Trois femmes et un Amour
J'avais 25 ans
« Révélations » sur « les apparitions d'Astaffort » Brel Cabrel

Théâtre pour troupes d'enfants

La fille aux 200 doudous
Les filles en profitent
Révélations sur la disparition du père Noël
Le lion l'autruche et le renard,
Mertilou prépare l'été

Photos

Lot, livre d'art
La beauté des éoliennes
Cahors, 42 inscriptions aux Monuments Historiques

* extrait du catalogue, voir page 28

Stéphane Ternoise

Elections présidentielles 2012 : les caricatures de Montcuq

Marine Le Pen en burqa,
François Hollande ségolénisé,
François Bayrou messianisé...

Sortie numérique : 15 avril 2012

Jean-Luc Petit éditeur

L'éditeur versant lotois :

http://www.lotois.fr

Tout simplement et logiquement !

Elections présidentielles 2012 : les caricatures de Montcuq

Parfois le marché de Montcuq est intéressant !

Dimanche 15 avril 2012, c'est au centre qu'ont crépité les appareils photos : Marine Le Pen en burqa, François Hollande ségolénisé, François Bayrou messianisé, Nicolas Sarkozy plutôt raté... : la mairie n'avait pas jugé nécessaire de remplacer les 10 affiches officielles de la campagne présidentielle, caricaturées.

Le détournement des affiches politiques est fréquent. En 2012, la moustache hitlérienne à Jean-Luc Mélenchon semble la plus répandue (ce n'est pas le cas ici). Mais dans cet humour sur la voie publique, il s'agit d'un véritable travail, réfléchi, inévitablement préparé, parfois minutieux, avec de nombreuses couleurs et même un collage "artistique. »

Certes, malgré l'humour, les "artistes" portaient une opinion politique.

J'avais photographié cet espace d'information républicaine quelques jours plus tôt, pour le site http://www.montcuq.info et j'ai immortalisé chaque candidat dans son apparat endimanché.

Immédiatement, la question s'est posée : limiter la présentation au portail montcuquois où réaliser un ebook ? (depuis décliné en livre de papier)

Parfois proclamé centre, ou cœur, du monde, le village peut espérer une médiatisation nationale de ces *caricatures de Montcuq* !

Après "*Nicolas Sarkozy : sketchs et Parodies de chansons*" et "*Ce François Hollande qui peut encore gagner le 6 mai 2012 ne le mérite pas (Un Parti Socialiste non réformé au pays du quinquennat déplorable de Nicolas Sarkozy)*", un nouveau document au catalogue politique...

Stéphane Ternoise
Parfois observateur local

15 avril 2012 : un dimanche ordinaire à Montcuq

Même si la pluie a restreint la fréquentation, il s'agit d'un dimanche ordinaire à Montcuq, un jour de marché.

J'y suis arrivé vers 10 heures, j'en repartirai vers 13, quand les stands devant les affiches électorales seront remballés.

Avant le dimanche 15 avril 2012…

Au centre du village, respectant l'ordre officiel, les dix candidats.

Eva Joly (EELV), Marine Le Pen (FN), Nicolas Sarkozy (UMP), Jean-Luc Mélenchon (Front de Gauche), Philippe Poutou (Nouveau Parti anticapitaliste), Nathalie Arthaud (Lutte ouvrière), Jacques Cheminade, François Bayrou (MoDem), Nicolas Dupont-Aignan (Debout la République), François Hollande (PS).

Le même endroit dimanche 15 avril 2012

Derrière les stands, les caricatures

À Montcuq, le réflexe de prévenir http://www.montcuq.info pour communiquer une information est encore rare. La *dépêche du midi* reste un quotidien lu !

J'ai donc découvert les caricatures derrières les stands…

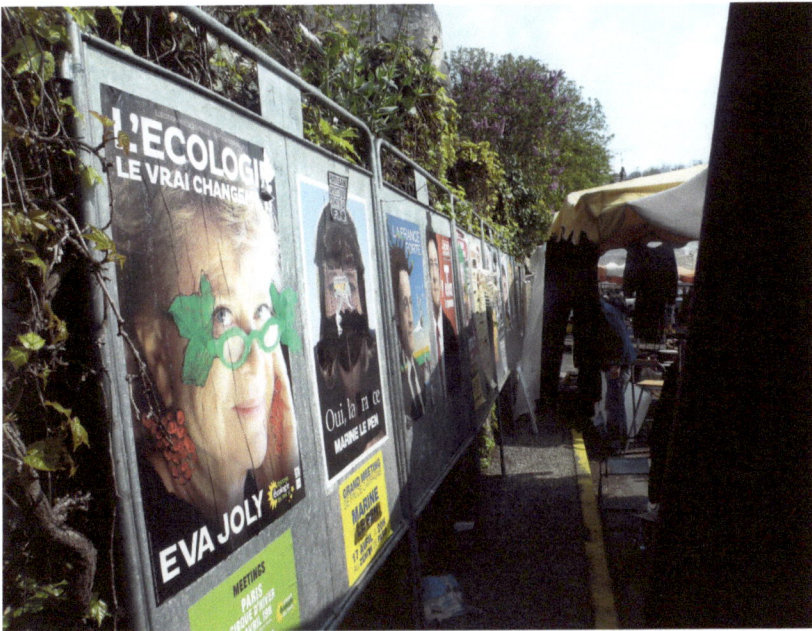

Personne ne sembla choqué. « *Y'a des gens qui ont encore de l'humour.* » Sur le marché, seul le Front de Gauche distribuait des tracs.

Les affiches de Marine Le Pen et François Hollande furent les plus observées. Les portables ont fréquemment servi à conserver quelques décorations en souvenirs. Nous sommes peu nombreux à nous promener avec systématiquement un appareil photo au cou.

Oui… ça ne mérite pas un livre, cette décoration verte et rouge !

« Tournez » la page !

Marine Le Pen en burqa. Et le détournement du slogan en « Oui, la race. » J'ignore naturellement si l'autocollant fut posé par l'auteur de la caricature…

Nicolas Sarkozy

Le symbole peace and love, le joint, la coupe rasta… Sur ce tableau, vous avez manqué d'imagination !

Jean-Luc Mélenchon

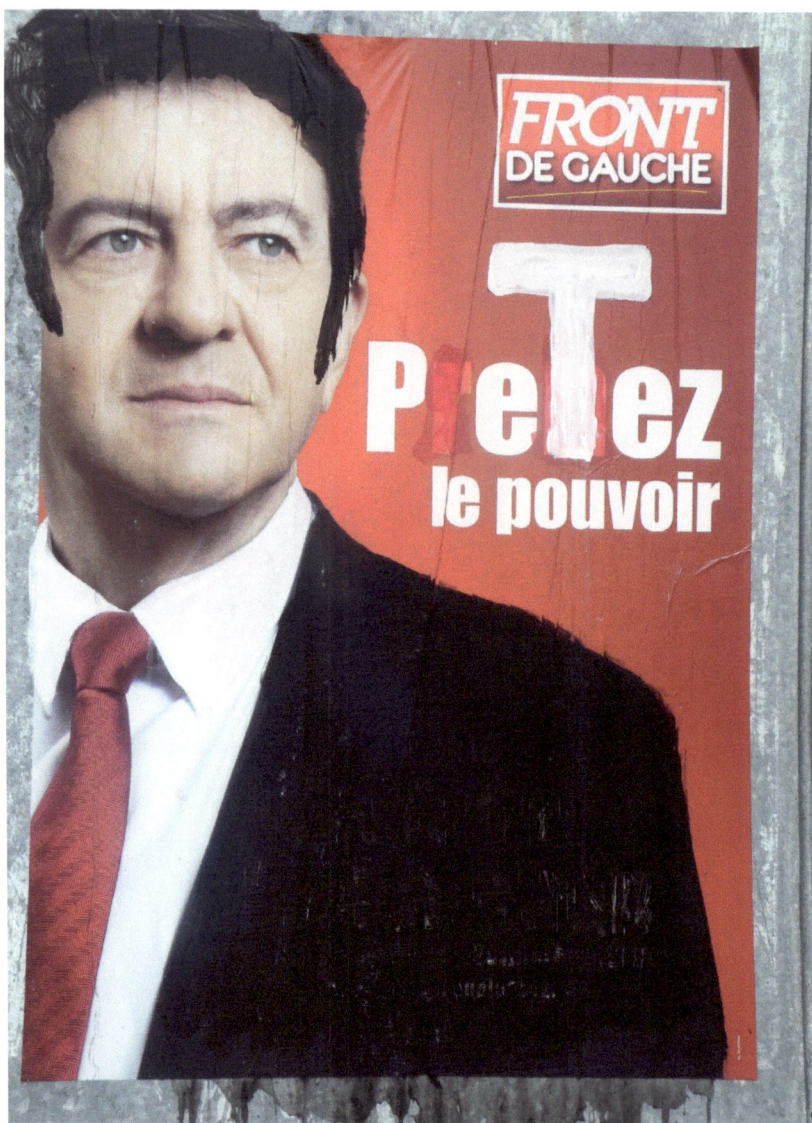

Le « petez de pouvoir » semble marquer une certaine sympathie du caricaturiste pour l'ancien sénateur socialiste…

Philippe Poutou

Comme pour Mélenchon, on sent chez le caricaturiste, qu'il pourrait voter pour ce candidat !

Dans le texte en rouge, je suppose le « id » noirci par erreur ! Un collage maintenant ! Que fait la gendarmerie de Montcuq !

Jacques Cheminade

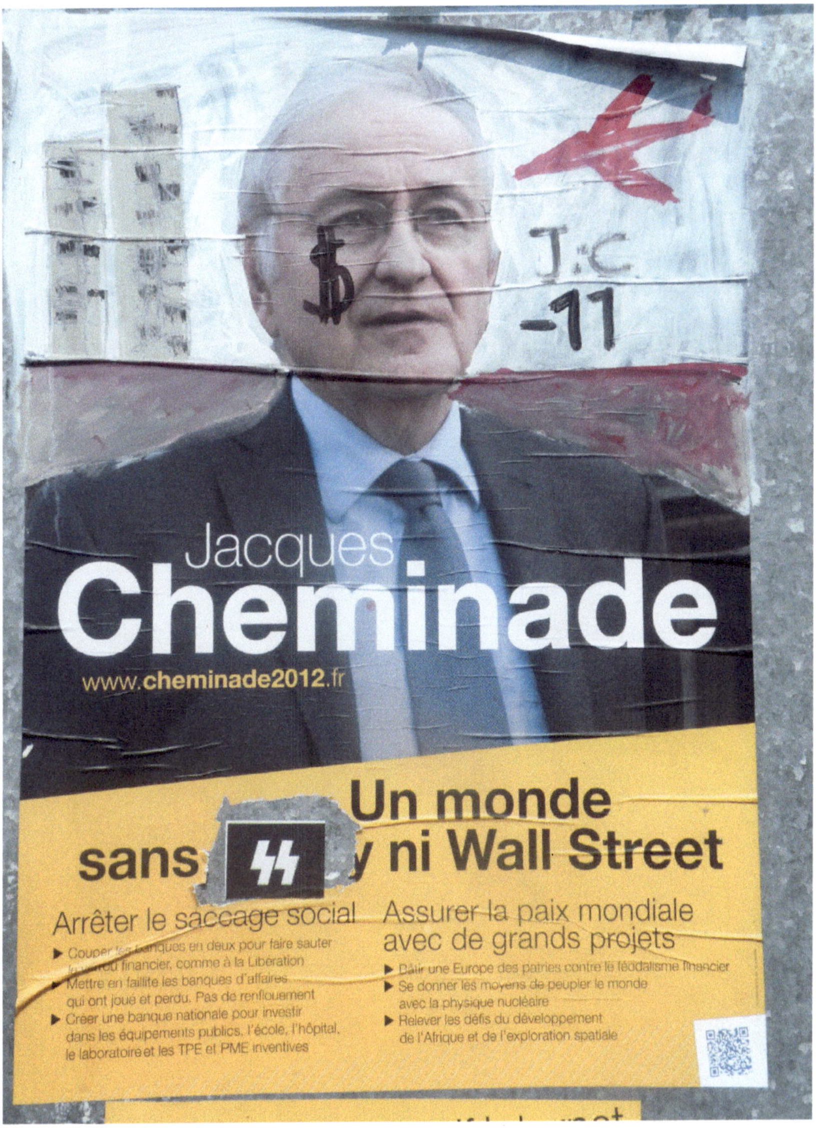

François Bayrou

Une intention de rapprocher Bayrou de son « modèle » Jésus et le « rien ne lui résiste. » Mais un manque flagrant de travail !

Nicolas Dupont-Aignan

Supont-Saignan… avec les journalistes ?

Est-ce vraiment une tentative de ségoléniser François Hollande ? C'est ma lecture ! Et vous ? Réagissez sur http://www.montcuq.info

Oui, je commente très peu ces caricatures. Qu'apporteraient de plus mes impressions ? Je m'exprime suffisamment ailleurs !

Que dit la loi ?

L'article 17 de la Loi du 29 juillet 1881 (modifié par loi 2004-1343 2004-12-09 art. 13 2° JORF le 10 décembre 2004) sur la liberté de la presse stipule :

"Ceux qui auront enlevé, déchiré, recouvert ou altéré par un procédé quelconque, de manière à les travestir ou à les rendre illisibles, les affiches apposées par ordre de l'Administration dans les emplacements à ce réservés, seront punis de l'amende prévue pour les contraventions de la 3° classe. "

legifrance.gouv.fr semble indiquer (http://www.legifrance.gouv.fr/affichCodeArticle.do?cid Texte=LEGITEXT000006070719&idArticle=LEGIAR TI000006417256&dateTexte=&categorieLien=cid) que les contraventions de la 3e classe n'excèdent pas 450 euros.

Il ne semble pas qu'il y ait obligation pour les communes de maintenir un affichage électoral exempt de déchirures et gribouillis...

Auteur

À 25 ans, Stéphane Ternoise a quitté le confortable statut de cadre en informatique (qui plus est dans le douillet secteur des assurances), pour se confronter à son époque, essayer de vivre de sa plume en toute indépendance. Il redoutait de finir pantin d'un grand groupe où même les maisons historiques peuvent se retrouver avec Jean-Marie Messier ou Arnaud Lagardère comme grand patron.

Stéphane Ternoise est auteur-éditeur depuis 1991, devenu spécialiste de l'auto-édition professionnelle en France. Il créa « logiquement » http://www.auto-edition.com en l'an 2000, une activité alors quasi absente du web !

Son éclairage sur l'univers de l'édition française a rapidement suscité quelques difficultés, dont une assignation au Tribunal de Grande Instance de Paris, en juin 2007, par une société pratiquant le compte d'auteur, finalement déboutée en septembre 2009.

Dans un relatif anonymat, avant la Révolution Numérique, l'auteur lotois a néanmoins réussi à publier 14 livres en papier, à continuer en vivant de peu. Depuis 2005, ses livres étaient également en vente, marginale, en version numérique. Il s'agissait d'abord de simples PDF.

L'auteur-éditeur a consacré l'année 2011 à la réalisation de son catalogue numérique, publiant ainsi ses pièces de théâtre, sketchs et textes de chansons en plus des romans, essais et recueils adaptés aux formats epub et Mobipocket Kindle...

La multiplication des questions et l'information approximative balancée sur de nombreux blogs par de néo-spécialistes de l'auto-édition autopublication, l'ont décidé à écrire sur cette révolution de l'ebook. Le guide l'auto-édition numérique est ainsi devenu son web best-seller !

Depuis octobre 2013, et son « identifiant fiscal aux États-Unis », son catalogue papier tend à rattraper celui en pixels.

Il convient donc de nouveau d'aborder l'auteur sous le biais de l'œuvre. Ainsi, pour vous y retrouver, http://www.ecrivain.pro essaye de fournir une vue globale. Et chaque domaine bénéficie de sites au nom approprié :

http://www.romancier.org
http://www.parolier.org

http://www.essayiste.net

http://www.dramaturge.fr
http://www.lotois.fr

Vous pouvez légitimement vous demander pourquoi un auteur avec un tel catalogue ne bénéficie d'aucune visibilité dans les médias traditionnels. L'écriture est une chose, se faire des amis utiles une autre !

Catalogue

Romans : (http://www.romancier.org)

Le Roman de la révolution numérique également sous le titre *Un Amour béton*

Ils ne sont pas intervenus (le livre des conséquences) également sous le titre *Peut-être un roman autobiographique*

La Faute à Souchon ? également sous le titre *Le roman du show-biz et de la sagesse (Même les dolmens se brisent)*

Liberté, j'ignorais tant de Toi également sous le titre *Libertés d'avant l'an 2000*

Viré, viré, viré, même viré du Rmi

Quand les familles sans toit sont entrées dans les maisons fermées

Edition (http://www.auto-edition.com)

Le guide de l'auto-édition, papier et numérique

Le manifeste de l'auto-édition - Manifeste politico-littéraire pour la reconnaissance des écrivains indépendants et une saine concurrence entre les différentes formes d'édition

Écrivains, réveillez-vous ! - La loi 2012-287 du 1er mars 2012 et autres somnifères

Le livre numérique, fils de l'auto-édition

Réponses à monsieur Frédéric Beigbeder au sujet du Livre Numérique (Écrivains= moutons tondus ?)

Comment devenir écrivain ? Être écrivain ? (Écrire est-ce un vrai métier ? Une vocation ? Quelle formation ?...)

Copie privée, droit de prêt en bibliothèque : vous payez, nous ne touchons pas un centime - Quand la France organise la marginalisation des écrivains indépendants

Alertez Jack-Alain Léger !

Théâtre : (http://www.dramaturge.fr)

La baguette magique et les philosophes

Neuf femmes et la star

Avant les élections présidentielles

Les secrets de maître Pierre, notaire de campagne

Deux sœurs et un contrôle fiscal

Ça magouille aux assurances

Pourquoi est-il venu ?

Amour, sud et chansons

Blaise Pascal serait webmaster
Aventures d'écrivains régionaux
Trois femmes et un amour
Chanteur, écrivain : même cirque
« Révélations » sur « les apparitions d'Astaffort » Brel / Cabrel (les secrets de la grotte Mariette)
J'avais 25 ans

Pour troupes d'enfants :
Les filles en profitent
Révélations sur la disparition du père Noël
Le lion l'autruche et le renard
Mertilou prépare l'été
Nous n'irons plus au restaurant
Recueils :
Théâtre peut-être complet
La fille aux 200 doudous et autres pièces de théâtre pour enfants
Théâtre pour femmes

Chansons : (http://www.parolier.info)
Chansons trop éloignées des normes industrielles
Chansons vertes et autres textes engagés
Parodies de chansons - De Renaud à Cabrel En passant par Cloclo et Jacques Brel
Chansons d'avant l'an 2000
Vivre Autrement (après les ruines), l'album invisible...

Photos : (http://www.france.wf)
Cahors, 42 inscriptions aux Monuments Historiques
La disparition d'un canton : Montcuq
Montcuq, le village lotois
Cahors, des pierres et des hommes. Photos et commentaires
Limogne-en-Quercy Calvignac la route des dolmens et gariottes
Saint-Cirq-Lapopie, le plus beau village de France ?
Saillac village du Lot
Limogne-en-Quercy cinq monuments historiques cinq dolmens
Beauregard, Dolmens Gariottes Château de Marsa et autres merveilles lotoises
Villeneuve-sur-Lot, des monuments historiques, un salon du livre... - Photos, histoires et opinions

29

Henri Martin du musée Henri-Martin de Cahors - Avec visite de Labastide-du-Vert et Saint-Cirq-Lapopie sur les traces du peintre
L'église romane de Rouillac à Montcuq et sa voisine oubliée, à découvrir - Les fresques de Rouillac, Touffailles et Saint-Félix
Cajarc selon Ternoise

Livres d'artiste (http://www.quercy.pro)

Quercy : l'harmonie du hasard
Lot, livre d'art
Montcuq, livre d'art
Quercy Blanc, livre d'art
Montaigu de Quercy, livre d'art
Quercy : l'harmonie du hasard
La beauté des éoliennes
Golfech, c'est beau un village prospère à l'ombre d'une centrale nucléaire
Jésus, du Quercy

Essais (http://www.essayiste.net)

Ya basta Aurélie Filippetti !
Amour - état du sentiment et perspectives
Contrairement à Gérard Depardieu, dois-je quitter la France ?
Cahors, municipales 2014 : un enjeu départemental majeur
Quand Martin Malvy publie un livre : questions de déontologie

Politique : (http://www.commentaire.info)

Ce François Hollande qui peut encore gagner le 6 mai 2012 ne le mérite pas
Nicolas Sarkozy : sketchs et Parodies de chansons
Bernadette et Jacques Chirac vus du Lot - Chansons théâtre textes lotois
Affaire Ségolène Royal - Olivier Falorni Ce qu'il faut à retenir pour l'Histoire - Un écrivain engagé, un observateur indépendant
François Fillon, persuadé qu'il aurait battu François Hollande en 2012, qu'il le battra en 2017

Jeux de société

http://www.lejeudespistescyclables.com
La France des pistes cyclables - Fabriquer un jeu de société pour enfants de 8 à 108 ans
Le bon chemin pour Saint-Jacques-de-Compostelle

Elections présidentielles 2012 : les caricatures de Montcuq

Marine Le Pen en burqa, François Hollande ségolénisé, François Bayrou messianisé...

Mentions légales

Tous droits de traduction, de reproduction, d'utilisation, d'interprétation et d'adaptation réservés pour tous pays, pour toutes planètes, pour tous univers.

Site officiel : http://www.ecrivain.pro

Dépôt légal à la publication au format ebook du 15 avril 2012.

Imprimé par CreateSpace, An Amazon.com Company pour le compte de l'auteur-éditeur indépendant **livrepapier.com.**

ISBN 978-2-36541-614-6
EAN 9782365416146
Elections présidentielles 2012 : les caricatures de Montcuq - Marine Le Pen en burqa, François Hollande ségolénisé, François Bayrou messianisé... de Stéphane Ternoise
© Jean-Luc PETIT - BP 17 - 46800 Montcuq - France